Lieber Nicolay,
ich wünsche Dir
einen tollen
Geburtstag
und viel Spaß
mit meinen
Abenteuern.

Viele Grüße

Der ganz normale Hundewahnsinn

Abenteuer eines Labradors

Manuela Shania Doll

DER GANZ NORMALE HUNDEWAHNSINN

Abenteuer eines Labradors

Engelsdorfer Verlag
Leipzig
2021

Bibliografische Information durch die Deutsche Nationalbibliothek: Die Deutsche Nationalbibliothek verzeichnet diese Publikation in der Deutschen Nationalbibliografie; detaillierte bibliografische Daten sind im Internet über
https://dnb.de/DE/Home/home_node.html abrufbar.

Kontakt zu Merlin und Manuela Shania Doll:
Atelier Ideenreich by MSD
post@atelier-ideenreich-by-msd.de
www.atelier-ideenreich-by-msd.de

ISBN 978-3-96940-076-0

Copyright (2021) Engelsdorfer Verlag Leipzig
Alle Rechte beim Autor
Hergestellt in Leipzig, Germany (EU)
www.engelsdorfer-verlag.de

12,00 Euro (DE)

HALLO …

… schön, dass du mal vorbeischaust. Darf ich mich vorstellen? Ich heiße Merlin. Wie du sehen kannst, bin ich ein Hund und gehöre zur Rasse der Labradore. Mein Fell ist kurz und schokobraun, an den Pfoten besitze ich Schwimmhäute.

Damit du mich etwas näher kennenlernen kannst, möchte ich kurz von meiner Familie erzählen.

Insgesamt habe ich 18 Geschwister und natürlich meine Mama Fee und meinen Papa Paul. Seit ich auf der Welt bin, sehe ich meine Mama fast jede Woche und auch mit meiner Schwester Maya gehe ich ab und zu spazieren. Aber auch meine Schwester Lotta sehe ich hin und wieder. Ich genieße es, in der Hundegruppe mit meiner Mama, Tante Socke und Onkel Merlin spazieren zu gehen. Später werde ich dir mehr von ihnen erzählen.

Mit meinem Frauchen lebe ich in einem kleinen Dorf und erlebe viele Abenteuer. Davon möchte ich dir hier jetzt einige erzählen. Hast du Lust? Na, dann fange ich mal an.

Mal geht es lustig bei mir zu, mal traurig und dann mal wieder wild und spannend. Ich liebe es, Stöckchen durch die Gegend zu tragen, im Wasser zu planschen und mit meinen Freunden über die Wiesen und Felder zu toben und zu flitzen. Da ich sehr verfressen bin, geht nichts über ein gutes Leckerli oder mein Essen. Hunger habe ich immer!

Ich mag keinen Regen und schon gar nicht Silvester. Dieses grelle Licht und das Knallen der Raketen machen mir Angst (auch wenn Frauchen sagt, es wäre nicht schlimm). Ach ja, und Zucchini mag ich auch nicht, dann schon lieber Rote Beete oder Karotten und so. Musst du mal probieren, das schmeckt richtig lecker.

So, aber genug von mir. Bist du bereit für eine Reise durch mein Leben?

Na dann mal los. Halt dich fest, wir fangen an.

Merlin

(DER ANFANG) EINE NEUE FAMILIE

Als ich geboren wurde, war ich schon was ganz **Besonderes**. Ich war der siebte von neun Geschwistern und hatte es eilig. Meine Mama Fee kühlte sich gerade im Bach. So kam es, dass ich auf der Wiese zur Welt kam und nicht wie meine anderen Geschwister im Haus.

Am Anfang konnte ich noch nichts sehen sondern spürte nur meine Geschwister und meine Mama um mich herum. Es war sehr *kuschelig* zu neunt in der *Wurfbox*.

Ich beim Spielen mit Zapfen und Stöckchen im neuen Zuhause

Nach ein paar Tagen öffnete ich zum **ersten Mal** meine Augen und sah die Welt um mich herum. Es war so *aufregend* und jedes meiner Geschwister war anders. Meine Schwestern und Brüder tollten gerne und rauften, nur mein

Bruder Max und ich liebten es, in Ruhe irgendwo zusammen zu liegen und ihnen dabei zuzuschen.

Wir lernten Futter zu fressen, miteinander zu tollen, im Wasser zu planschen (was ich am Anfang gar nicht mochte) und natürlich trafen wir auch andere Hunde. Wir spielten und **eroberten** unsere Welt. Mama Fee, Onkel Merlin und Tante Socke passten dabei immer auf uns auf und brachten uns **Regeln** bei.

Beim Spielen mit meinem Bruder Max auf der Wiese

Wir hatten jede Menge Spaß und mussten **gaaanz** viel lernen. So sind die Wochen verflogen und es kam die Zeit, in der ich von meinen Geschwistern Abschied nehmen musste. Es kamen Leute, die uns Welpen anguckten und einen von uns aussuchen wollten.

Ich war immer sehr gespannt und hoffte, dass sich die neuen Menschen für mich entscheiden würden. Aber jedes

Mal musste ich enttäuscht mit ansehen, wie sie sich für eines meiner Geschwister entschieden.

So kam es, dass meine Brüder und Schwestern nach und nach neue Familien gefunden hatten, nur ich hatte noch keine und war sehr traurig. Ich genoss es bei Mama Fee zu sein, doch ich wünschte mir auch eine **Familie**, in der ich glücklich werden konnte.

Onkel Merlin bringt mir das Buddeln (graben) bei

Eines Tages stand eine Frau in der Tür, die einen Welpen suchte und mich kennenlernen wollte.

Beim ersten Spaziergang mit der fremden Frau und meinen Geschwistern, sowie meiner Mama, zeigte ich mich von meiner besten Seite und schaffte es, ihr Herz im Sturm zu erobern.

Ich war ***überglücklich*** zu hören, dass ich nun auch eine neue Familie bekommen sollte. Aber es blieb nicht nur bei der neuen Familie, ich bekam auch einen neuen Namen.

Mein Frauchen gab mir den Namen Merlin (= der Zauberer, denn sie findet, dass ich zaubern kann).

Vom Spielen wird man müde – Zeit zum Ausruhen

Zwei Wochen später holte mich mein neues Frauchen ab und wir fuhren in mein **neues** Zuhause.

Da ich meine Mama Fee *über aaalles liebe*, gehen wir jede Woche mit ihr und den anderen in der Hundegruppe spazieren.

So fing es an, mein Leben und auch meine **Abenteuer**, die folgten.

*Gemeinsamer Spaziergang mit der Hundegruppe
(hier: ich, Mama Fee und Socke)*

HUNDEGEBURTSTAG

Es hat einige Zeit gedauert, bis ich mich in meinem neuen Zuhause eingewöhnt hatte.

Am Anfang war es schon komisch, so ganz alleine ohne meine Geschwister und Mama Fee zu sein, aber mit der Zeit hatte ich mich daran gewöhnt.

Mein Frauchen und ich gingen viel spazieren und so lernte ich einige neue Hunde und andere Tiere kennen.

Zuhause spielte mein Frauchen mit mir und zwischendurch wurde gekuschelt. Ich *erlebte* viele neue Dinge und plötzlich war meine Babyzeit zu Ende.

Gegenseitige Begrüßung (ich und meine Schwester Maya)

Und dann, an einem kalten Tag im März. Draußen lag **Schnee** und es war alles weiß.

Als ich morgens zu meiner Futterschüssel ging, um zu fressen, lagen dort **Geschenke** für mich.

Ganz aufgeregt nahm ich ein Geschenk nach dem anderen zwischen die Pfoten und packte es mit dem Maul aus. Ich riss das Geschenkpapier in Fetzen und zum Vorschein kam ein neuer Ball und Leckerli. Ich freute mich riesig darüber.

Aber was dann kam, davon hätte ich im **Leben** nicht geträumt.

Die Rasselbande beim Toben – spielen auf Hundeart

Es war bereits Mittag geworden, als wir zu einer Hütte in den Wald fuhren.

Ich sprang aus dem Auto und traute meinen Augen kaum. Ich konnte erst nicht glauben, was ich da sah.

Alle meine Geschwister, meine Mama Fee und sogar mein Papa Paul waren mit ihren Besitzern zu unserer Geburtstagsfeier gekommen. Es war **gaaaanz viel** los.

Überall wurde geredet und gelacht und es war so schön sie alle wiederzusehen.

Wir begrüßten uns zuerst und dann ging es los. Gemeinsam tollten wir durch den Schnee, *flitzen herum*, fingen Schneebälle und erkundeten die Umgebung.

Genau wie mein Papa Paul liebe ich es, Schneebälle zu fangen, und so rannten wir gemeinsam jedem Schneeball, der uns geworfen wurde, hinterher. Wir waren ganz weiß im Gesicht, als wir zum Fangen in den Schnee sprangen. Auch mit meinen Brüdern spielte ich, aber am *liebsten* war ich bei meinen beiden Schwestern.

Als wir müde waren vom Herumtollen und Schneebälle fangen gab es etwas zu essen.

Wir bekamen eine große Hundegeburtstagstorte aus Nassfutter und Leckerli. Schließlich waren wir neun Geburtstagskinder. Jeder von uns Hunden bekam ein großes Stück. Die Torte schmeckte so lecker und man hörte nur noch ein *Schmatzen*.

Danach brauchten wir erst mal eine kleine Pause, bevor wir wieder zu toben anfingen.

Die Zeit ging so schnell vorbei, dass es schon dunkel war, als wir uns voneinander verabschiedeten und sich jeder wieder auf den Heimweg machte.

Es war ein schöner Geburtstag und ich war sehr glücklich meine Geschwister alle einmal wieder gesehen zu haben.

Zuhause schlief ich müde, zufrieden und erschöpft vom Spielen ein.

Die leckere Hundetorte wird verteilt

Beim Spielen mit den Brüdern

Urlaubszeit

Der Sommer kam. Draußen war es warm und ich genoss es, im Wasser zu planschen und mich danach im Schatten zu trocknen.

Plötzlich stand ein komisches, **seltsames Ding** in unserem Flur, mit dem ich überhaupt nichts anfangen konnte. So was hatte ich noch nie gesehen. **Was war das?** Vielleicht war es gefährlich, also bellte ich dieses komische Ding erst einmal an.

Wie sich herausstellte, war das komische Ding ein **Koffer** und Frauchen begann ein paar Tage später, Kleider dort hineinzupacken. Ich bekam es mit der Angst zu tun und wurde ganz unruhig. Frauchen beruhigte mich.

Es war alles in Ordnung. Wir fuhren in Urlaub und ich durfte mit.

Also wurde das Auto am nächsten Tag mit Koffern, meinem Futter, Körbchen und sonstigen Sachen für mich beladen und dann ging es los.

Wir fuhren nach Bayern Freunde besuchen. Die Autofahrt dauerte ewig und mir war heiß. Als wir *endlich* an unserem Ferienort ankamen, gingen wir in unsere Ferienwohnung. Alles war fremd, ich war müde und vermisste mein Zuhause.

An die neue Umgebung hatte ich mich dann aber schnell gewöhnt und genoss es, mit Frauchen wandern zu gehen. Ich hatte noch nie so viele **Berge** gesehen und dann standen dort seltsame Tiere, die mich nicht aus den Augen ließen. Einige hatten Glocken um den Hals und die anderen schrien „I-A". Es waren Kühe, Ziegen und Esel, welche wir da sahen, und Pferde, die ich schon von zuhause kannte.

Die Ferienwohnung – neue Umgebung

Wir trafen auch viele Hunde und ihre Besitzer und so konnte ich zwischendurch mit dem einen oder anderen etwas herumtollen.

Wir besuchten Freunde und gingen öfter im See schwimmen.

Das Wasser war so **herrlich** und ich genoss es, darin zu planschen und mich danach in der Sonne trocknen zu lassen. Frauchen bekam mich kaum aus dem Wasser.

Am besten gefiel mir, als wir in ein schönes Dorf gefahren waren. Dort standen überall tolle Holzfiguren und ich hätte mich am liebsten dort hingelegt und etwas daran geknabbert. Aber das durfte ich nicht, was ich total blöd fand, denn ich liebe es, Hölzchen zu kauen. Dafür bekam ich in einem Hundeladen mein ***erstes großes Halsband***, das ich überall stolz zeigte. Mein Welpenhalsband war zu klein geworden und so war es Zeit für ein neues.

Ausruhen am Staffelsee   *Wasserspaß – ich beim Schwimmen*

Wir haben viele tolle Dinge erlebt, neue Menschen und Tiere getroffen, schöne Sachen gekauft (mein Halsband) und hatten viel Spaß. Es war eine schöne Zeit und nach ein paar Tagen packte Frauchen wieder Kleider in den Koffer, belud das Auto und wir machten uns auf den ***laaannngeeenn*** Heimweg.

WAS IST BLOß MIT MAMA FEE?

Wenn ich mit Mama Fee spazieren gehe, fange ich irgendwann an, sie zu necken und zum Spielen aufzufordern. Dann rennen wir zusammen über die Wiesen und spielen miteinander.

Als wir mal wieder zusammen spazieren waren und ich gerade anfangen wollte, meine Mama zu necken, um mit ihr zu spielen, kam mein Frauchen angerannt und verbot es mir.

Ich verstand nicht, was los war. Das hatte ich doch immer so gemacht und jetzt **durfte** ich es nicht?

Ich lief neben meiner Mama Fee her und mir fiel auf, dass sie dicker geworden war. Bestimmt hatte sie mal wieder zu viel gefressen. Es ging ihr überhaupt nicht gut. **War sie krank?** Ich begann sie zu trösten und das Maul zu lecken.

Die kleinen Geschwister – zehn kleine Fellknäuel

Im Laufe der Wochen wurde meine Mama Fee immer ***ruuunder und laaangsaaamer.*** Ich durfte nicht mit ihr spielen und begann mir Sorgen zu machen. Was war bloß mit Mama Fee los? Warum meine Mama Fee so rund war, sah ich ein paar Wochen später.

Ich hatte sie einige Zeit nicht gesehen und als wir zu ihr kamen, war alles anders. Als ich auf sie zulief, **knurrte** sie mich an und ich verstand nicht warum. Das hatte sie noch nie gemacht.

Dann sah ich hinter Mama Fee einen großen Kasten, den man Wurfbox nennt, und darin lagen ***zehn kleine Hundebabys***, auch Welpen genannt. Sie waren, genau wie ich, schokobraun und winzig klein.

Die Rasselbande beim Spielen mit Mama Fee

Meine Mama Fee war schwanger gewesen und hatte Babys bekommen. So wurde ich **großer Bruder** und es machte mir Spaß mitzuhelfen.

Am Anfang war noch alles ruhig. Die Welpen schliefen viel und außer trinken und kuscheln taten sie nichts. *„Wie langweilig!"*, dachte ich. Doch dann öffneten die Welpen die Augen und begannen herumzutollen. Ich hatte **aaalle** Hände voll zu tun. Jeden Tag war ich bei meiner Mama Fee und half, was ich konnte. Beim Spazierengehen passten wir großen Hunde auf die Welpen auf. Bei zehn kleinen Geschwistern ist das gar nicht so einfach. Immer wieder mussten wir einen suchen gehen und zurück bringen. Mit der Zeit wurden die Kleinen immer fitter, und es war ein ganz schönes Gewusel, so wie das schon bei mir damals gewesen war.

Als großer Bruder wollte ich meiner Mama **helfen** und so zeigte ich meinen kleinen Geschwistern, wie man im Wasser planscht, Hölzchen durch die Gegend trägt und daran kaut. Ich tollte mit ihnen über die Wiesen und brachte ihnen Regeln bei, so wie ich es von den Großen gelernt hatte. Zwischendurch machten wir zusammen eine Pause, kuschelten uns aneinander und schliefen auf der Wiese. ***Jeden Tag half ich so gut ich konnte, denn bei der Rasselbande war jede Menge los.*** Die Welpen fraßen viel und wurden von Tag zu Tag immer *grööößer*.

Die Wochen vergingen und irgendwann kamen die ersten Leute, die mit spazieren gingen und sich eines meiner Geschwister aussuchten.

Es wurde Zeit, Abschied zu nehmen. In den kommenden Wochen zogen die Welpen in ihre neuen Familien und eines Tages war Mama Fee wieder alleine.

Es war eine schöne aber auch anstrengende Zeit gewesen und nun freute ich mich, meine Mama Fee wieder für mich zu haben.

Mama Fee, die Welpen und ich posieren für Leckerli

MEINE KLEINE SCHWESTER LOTTA

Meine kleine Schwester Lotta ist 2 Jahre jünger als ich und ein ganz schönes **Energiebündel**.

Zu Lotta hatten Frauchen und ich schon immer ein ganz besonderes Verhältnis. Frauchen fand Lotta so toll, dass sie diese am liebsten mit zu uns genommen hätte. Aber dann hat sie sich doch anders entschieden. Ich mag meine Schwester sehr, aber ich bin froh alleine zu sein und mein Frauchen für mich zu haben.

Am Anfang passte Lotta in Frauchens Hand. Sie war *winzig* und so *süß*.

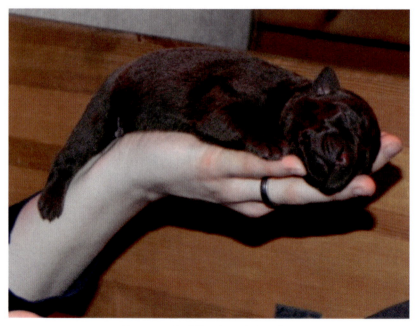

Lotta in der Hand von Frauchen

Ich schnupperte ganz sachte an ihrem kleinen Gesicht und passte auf, dass ich ihr nicht wehtat.

Wie das bei kleinen Geschwistern so ist, wurde auch Lotta größer und machte die Augen auf. Dann war sie richtig mobil und tollte mit den anderen herum.

Gerade beim **Fressen** war sie immer vorne dabei. Im Gegensatz zu mir, war sie schon immer sehr wild und hatte immer **Quatsch im Kopf.** Sie stellte ständig etwas an und dann guckte sie ganz lieb.

Kuscheln mit Lotta – Geschwisterliebe

Wir schmusten viel miteinander und als **großer Bruder brachte ich ihr natürlich wichtige Sachen bei,** wie im Wasser planschen oder an einem Stöckchen zu kauen. Lotta schaute mir dann immer aufmerksam zu.

Ich zeige Lotta wie man Hölzchen kaut

Die kleine Schwester ganz groß – Lotta, Mama Fee, ich im Hintergrund

Wenn ich mal keine Lust zum Spielen hatte, ärgerte sie mich so lange, bis ich irgendwann völlig ***genervt*** nachgab.

Da ich Lotta so sehr mochte, habe ich sie natürlich auch beschützt, und wenn die anderen zu wild zu ihr waren, habe ich ihr geholfen.

Es machte mir großen Spaß, meiner kleinen Schwester Sachen beizubringen und ihr beim Wachsen zuzusehen.

Die Zeit verging wie im Flug und eines Tages hatte auch Lotta neue Besitzer gefunden. ***Schweren Herzens*** mussten wir uns von Lotta verabschieden. Wir sehen uns aber jedes Jahr und mittlerweile ist sie fast so groß wie ich.

WEIHNACHTSZEIT

Das Tollste am Winter ist der Schnee. Ich liebe es, im Schnee herumzutoben, Schneeflocken zu fangen oder Hölzchen zu kauen. Wenn Frauchen mir Schneebälle wirft, sause ich hinterher und habe einen **Riesenspaß** dabei.

Danach kuschele ich mich auf die Couch und mache ein Nickerchen.

Frauchen schmückt das Haus, stellt einen Adventskranz auf den Tisch und backt Plätzchen. Mir läuft das Wasser im Maul zusammen, wenn ich an den Duft von Zimtwaffeln und anderen Plätzchen denke. Da Kekse und Co. für uns Hunde tabu sind, passt Frauchen immer auf, dass ich nichts davon esse. Dabei riecht es so gut und ich würde gerne mal probieren.

Aber es gibt ja auch noch andere tolle Sachen zu entdecken.

Es war kurz vor Weihnachten und bei uns zuhause wurde der **Weihnachtsbaum** geschmückt. Auf dem Baum gab es viele schöne Lichter, Kugeln und Figuren, die ich bestaunte. Jeden Abend wurden die Lichter angemacht und wir saßen gemütlich auf der Couch und genossen die Ruhe.

Die Tage zogen sich etwas, aber eines Morgens war endlich der 24. Dezember – **Heiligabend**. An diesem Tag gibt es nachmittags immer ein gutes Essen und danach wird in geselliger Runde beschert.

Ich konnte es kaum erwarten, meine Geschenke auszupacken. Doch es dauerte noch fünf Stunden bis zur **Bescherung**. Als ich alleine im Zimmer war, hielt ich es nicht mehr aus. **Vorsichtig** schlich ich zum Weihnachtsbaum und **stibitzte** eines der Geschenke auf denen zufälligerweise mein Name stand. Damit ging ich zu meinem Teppich, legte mich hin und fing an, mit dem Maul das Geschenkpapier aufzureißen. **Was wohl darin war?** Doch da hörte ich eine Stimme und *plötzlich* griff eine Hand nach dem Geschenk. Vor lauter Aufregung hatte ich gar nicht gemerkt, dass mein Frauchen zurückgekommen war. Sie hatte sehr mit mir geschimpft und mir das Geschenk wieder weggenommen.

Das Geschenk stibitzen   *Ich beim Geschenke auspacken*

Mit hängenden Ohren und gesenktem Kopf saß ich vor Frauchen und versuchte, ihr „Pfötchen zu geben". Aber es half nicht. Sie war richtig böse auf mich und so musste ich auf meinen Platz gehen und den Rest des Tages lieb sein, wenn ich meine Geschenke am Abend auspacken wollte.

Ja, ich weiß, es war nicht richtig, und ich verspreche, das auch nie wieder zu tun.

Als es Abend wurde, bescherten wir nach dem Essen. Ich war den Rest des Tages ganz brav gewesen und lag nun auf meinem Teppich und packte meine Geschenke aus. Ich durfte sogar drei Geschenke aufmachen. ***Oh, war das toll!*** Jetzt riss ich das Geschenkpapier noch schneller auf, da ich wissen wollte, was da in meinem Geschenk eingepackt war. Das letzte Stückchen Papier zog ich mit dem Maul weg und dann lag ein Ball zwischen meinen Pfoten. Sofort fing ich an, damit zu spielen. Es waren lauter tolle Geschenke gewesen, die ich bekommen hatte, und mir fiel auf, dass es viel schöner war, mit meiner Familie ***gemeinsam*** die Geschenke ***auszupacken***.

Mein erstes ***Weihnachtsfest*** ging zu Ende und ich habe heute noch viele ***schöne Erinnerungen*** daran.

Hannah

In meinem bisherigen Leben habe ich viele nette Menschen kennengelernt. Ob auf einem großen Geburtstag, in der Stadt, bei meiner Hundegruppe oder auf dem Hundeplatz. Immer treffen wir liebe Menschen, die unser Leben schöner machen. **Am liebsten mag ich Hannah.** Sie ist ein kleines Mädchen aus unserer Familie. Ich kenne sie seit meinem Einzug bei Frauchen.

Da ich sie so selten sehe, schreibe ich Hannah mit Hilfe von Frauchen immer **Briefe**, damit sie weiß, was bei mir so los ist.

Hannah freut sich immer riesig, von mir zu hören, und malt mir Bilder oder bringt Geschenke für mich mit, wenn sie uns besuchen kommt, und darüber freue ich mich besonders. Dann toben wir herum. Hannah wirft mir meinen Ball, bringt mir Sachen bei oder wir liegen zusammen auf der Couch und kuscheln. Mit ihr ist es immer schön und nie langweilig.

Hannah hat auch einen **kleinen Bruder**, Jonas. Damit beide wissen von wem ich in meinen Briefen erzähle, habe ich den beiden auch schon meine Familie vorgestellt. Mit meiner Schwester Frieda habe ich die beiden schon besucht. Zu viert sind wir spazieren gegangen. Jonas nahm meine Leine und dann ging es los. Wir hatten alle einen großen Spaß. Frieda und ich waren ganz sanft zu Hannah und Jonas und ließen uns Bällchen werfen und Leckerli geben.

Sogar zu meinen kleinen Geschwistern sind wir zusammen gefahren.

Ich posiere für Hannahs Geburtstagskarte

Hannah und Jonas **staunten** nicht schlecht, als sie die zehn kleinen **Fellknäuel** sahen. Jeder wollte einen Welpen halten und Jonas hätte am liebsten einen mit nach Hause genommen.

Es war ein **gaanz besonderes Erlebnis** und ich fand es schön, den beiden eine **Freude** zu machen, denn kleine Welpen sieht man ja nicht alle Tage.

So war meine **Überraschung** gelungen und beide haben sich sehr über den tollen Tag gefreut.

Wenn Hannah im Winter Geburtstag hat, schicken wir ihr immer eine **Geburtstagskarte mit einem Bild von mir**. Für Hannah ziehe ich dann eine Mütze an oder einen Schal. Dann bekommt Hannah immer ganz **besondere Post** von uns.

Ich mit einem Bild gemalt von Hannah

Geschenk von Hannah – brachte einen kurzen aber tollen Spaß

Hochzeitsgeschenk

Im Leben passieren ab und zu ganz **besondere Ereignisse**. Die Geburt und Taufe eines Babys oder eine Hochzeit sind für mich solche Ereignisse. Man freut sich sehr auf diesen Tag und fängt sofort an, sich Gedanken darüber zu machen, was man zu diesem speziellen Anlass schenkt.

Eines Tages landete auch eine solche **Einladung** in unserem Briefkasten. Wir waren zu einer Hochzeit eingeladen. Es dauert noch keine 20 Minuten, bis mein Frauchen mich ansah und laut sagte: *„Was schenken wir denn zu diesem besonderen Tag?"* Jetzt war es nicht eine Hochzeit von einer Freundin oder so, *neeiin* das Brautpaar stammte aus der Familie meiner Schwester Maya. Also musste ein *gaaaannz besonderes* Geschenk her.

Wenn man etwas schenkt, sollte das was sein, woran sich das Brautpaar am besten noch nach Jahren erinnert. *Aber was war das BESONDERE????*

Da die Braut meine Schwester Maya sehr lieb hat, musste also ein *originelles Geschenk* her ... am besten mit uns beiden.

Nach langem Überlegen kam Frauchen *die zündende Idee*!! Ein Fotoshooting musste her.

So kam es, dass ich eines sonnigen Vormittags auf der Wiese saß mit einem Zylinder auf dem Kopf, einer Fliege um den Hals und auf meine Schwester Maya wartete.

Ich warte auf Maya

Aber wie immer kam und kam sie nicht. Ich war schon ziemlich genervt. Zuerst musste ich dieses **blöde Ding** anziehen und dann kam Maya auch noch **zu spät**. Um mich bei Laune zu halten, bekam ich von Frauchen ab und zu ein Leckerli.

Als meine Schwester endlich mit ihrem Herrchen eingetroffen war, ging unser **Fotoshooting los**. Frauchen hatte ein Herz aus Rosen und Steinen in die Wiese gelegt, hinter das wir uns setzen sollten, und dann machte sie mit einem merkwürdigen Ding ständig „klick" und rief „Leckerli" oder „schau".

Dass dieses merkwürdige Ding ein **Fotoapparat** war, bemerkte ich erst viel später. Hauptsache es gab Leckerli. Maya ist noch nicht so ein Profi wie ich beim Fotoshooting und so dauerte es einige Zeit, bis die passenden Bilder im Kasten waren. Maya guckte ständig in die **andere Rich-**

tung oder stand auf und ging einfach weg. Ich dachte schon, wir würden ***niiieee*** fertig werden. Aber nach jeder Menge Leckerli und mehreren Versuchen waren wir endlich fertig.

Die ersten Probebilder

Als wir uns die Bilder auf dem Computer ansahen, waren wir sehr zufrieden. ***Es passte alles.*** Das Wetter war toll, ich sah einfach großartig aus mit meinem Zylinder und Maya neben mir genauso. Darüber würde sich das Brautpaar bestimmt freuen. Frauchen machte aus den Bildern und einem Bilderrahmen ein ***tolles Hochzeitsgeschenk***, das sehr gut ankam.

Das Fotoshooting geht los – Maya und ich vorm Bildmotiv

MACKEN

Jeder ist auf seine Art und Weise **EINZIGARTIG** und **BESONDERS** und hat Sachen, die er sehr mag und gerne macht. Dann gibt es noch **Macken**, die man sofort jemanden zuordnen kann.

Meine Mama Fee hat zum Beispiel die Macke, sich in jedes Matschloch oder jede Pfütze zu legen und *genüsslich* darin ein Bad zu nehmen. Ich verstehe nicht, warum sie das macht, mir ist das viel zu schmutzig.

Ich beim Schlafen – mit zugedeckten Augen

Und da habe ich eine Macke. Ich liebe es, mit meinem Bällchen zu spielen. Wenn ich draußen bin und es richtig schmutzig ist, nutze ich sofort jede Gelegenheit (wenn ich einen Bach sehe), um es sauber zu machen. Ich nehme es zwischen die Vorderpfoten und schiebe es hin und her bis es sauber ist. *Ich* wasche mein Bällchen und alles was mir draußen zwischen die Pfoten kommt.

Da ich ein Labrador bin, liebe ich Wasser über alles und habe sogar *Schwimmhäute zwischen den Zehen*. Ganz verrückt werde ich, wenn es darum geht, Stöckchen und Co. aus dem Wasser zu holen. Davon kriege ich einfach nicht genug. Wenn ich mit meiner Mama Fee im Wasser bin, nehme ich ihr sogar das Stöckchen ab und bringe es ans Ufer.

Eine weitere typische Macke von uns Labradoren ist, dass wir immer **Hunger** haben und fressen. Man nennt uns auch Staubsauger. Nichts ist wirklich vor uns sicher und es gibt wirklich nichts, was wir nicht fressen. Betteln am Tisch probiere ich auch öfter, obwohl ich nichts bekomme. Es ist aber auch *sooo* gemein, wenn so gutes Essen auf dem Tisch steht und ich nichts davon abkriege. Mein Frauchen passt aber auf, dass ich nur Sachen fresse, die mir auch gut tun, denn schließlich soll ich ja gesund bleiben. So mache ich *alles*, um Karotten, Salatgurke, Hähnchenfleisch und Markknochen zu ergattern. Meine *Lieblingsspeise* sind Maronen, die ich ab und zu im Herbst bekomme. Dann sitze ich da und habe Sabberfäden am Maul hängen und zu meinen Pfoten bildet sich ein Sabbersee, so gut finde ich die Maronen.

Bei meiner Mama Fee darf ich kein Essen aus der Schüssel stibitzen, da wird sie furchtbar böse.

Eine andere Macke von mir ist, dass ich mir zum Schlafen die Augen dunkel mache, wenn es zu hell ist.

Ich mit meinem Kuscheltier Bob – ein ganz bequemes Kissen

Ich schiebe meine Decke (oder was mir sonst so vor die Pfoten kommt) solange zurecht, bis meine Augen damit zugedeckt sind. Wenn ich gerade keine Decke habe, tut es auch ein Stuhlbein, mein Stofftier oder alles was ich sonst gerade so finde.

Ab und zu habe ich so meine **kuscheligen fünf Minuten** und ich gebe es nicht gerne zu, aber ich genieße es ***seeehr***. Es gibt sogar mehrere Kuscheltiere in meiner Spielzeugkiste mit denen ich spiele und kuschele. Mein größtes Kuscheltier heißt **Bob** und muss öfter als Kissen herhalten. Bob ist fast so groß wie ich und ganz weich. Das mag ich besonders an ihm. Da kann man schön mal ein kleines Nickerchen machen.

Manchmal sind andere von meinen Macken genervt oder finden sie witzig. ***Aber ich bin der Meinung, dass gerade meine Macken mich ausmachen.***

Ich lasse das Essen nie aus den Augen – vor allem Eis

Ich habe immer Hunger – ein irritierter Blick in die leere Futtertonne

ENDE

Jetzt habe ich dir *gaaanz* viel aus meinem Leben erzählt.
Es gibt noch ein paar schöne Erlebnisse und Momente.
Doch die erzähle ich dir vielleicht ein anderes Mal.
Ich wünsche dir alles Liebe und hoffe, du hattest viel Spaß mit mir.
Vielleicht sehen wir uns ja bald wieder?!

Merlin